Practicing Numbers

1 – 10

■ Draw a line from 1 to 10 in order while saying each number aloud.

To parents

Starting with this page, your child will practice reciting and writing numbers. Acquiring these skills will facilitate an understanding of addition. When your child completes each exercise, please offer lots of praise.

Name

Date

W0037792

■ Say each number aloud as you trace it.

1	2	3	4	5	6	7	8	9	10
11	12	13	14	15	16	17	18	19	20
21	22	23	24	25	26	27	28	29	30

■ Fill in the missing numbers. Say each number aloud.

1	2	3	4	5	6	7	8	9	10
11	12	13	14	15	16	17	18	19	20
21	22	23	24	25	26	27	28	29	30

Practicing Numbers
1 – 15

■ Draw a line from 1 to 15 in order while saying each number aloud.

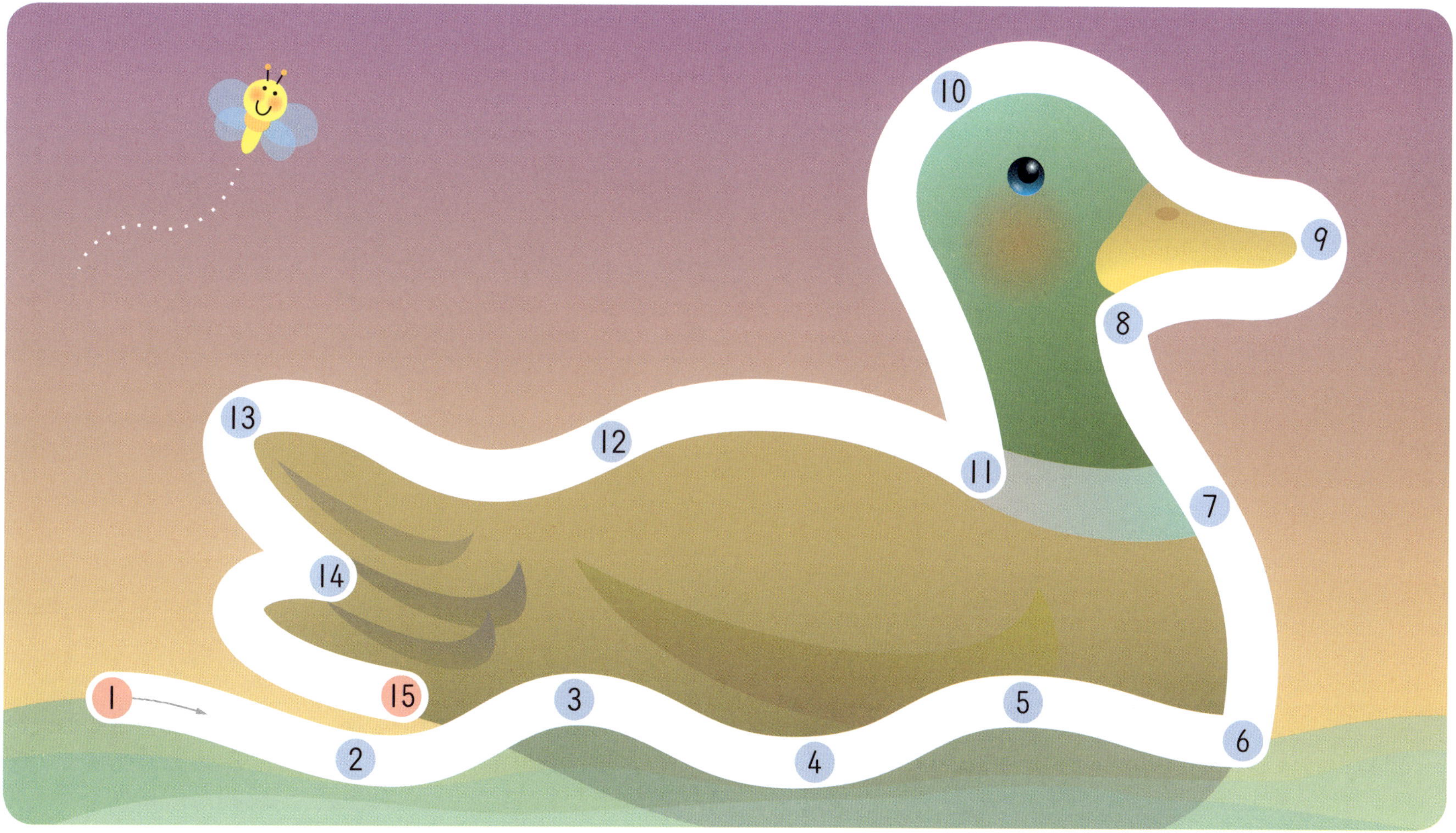

■ Say each number aloud as you trace it.

1	2	3	4	5	6	7	8	9	10
11	12	13	14	15	16	17	18	19	20
21	22	23	24	25	26	27	28	29	30

■ Fill in the missing numbers. Say each number aloud.

1									
				15	16	17	18	19	20
21	22	23	24	25	26	27	28	29	30

Practicing Numbers

1 –20

Name

Date

■ Draw a line from 1 to 20 in order while saying each number aloud.

■ Say each number aloud as you trace it.

1	2	3	4	5	6	7	8	9	10
11	12	13	14	15	16	17	18	19	20
21	22	23	24	25	26	27	28	29	30

■ Fill in the missing numbers. Say each number aloud.

1									
									20
21	22	23	24	25	26	27	28	29	30

Practicing Numbers
1 – 25

■ Draw a line from 1 to 25 in order while saying each number aloud.

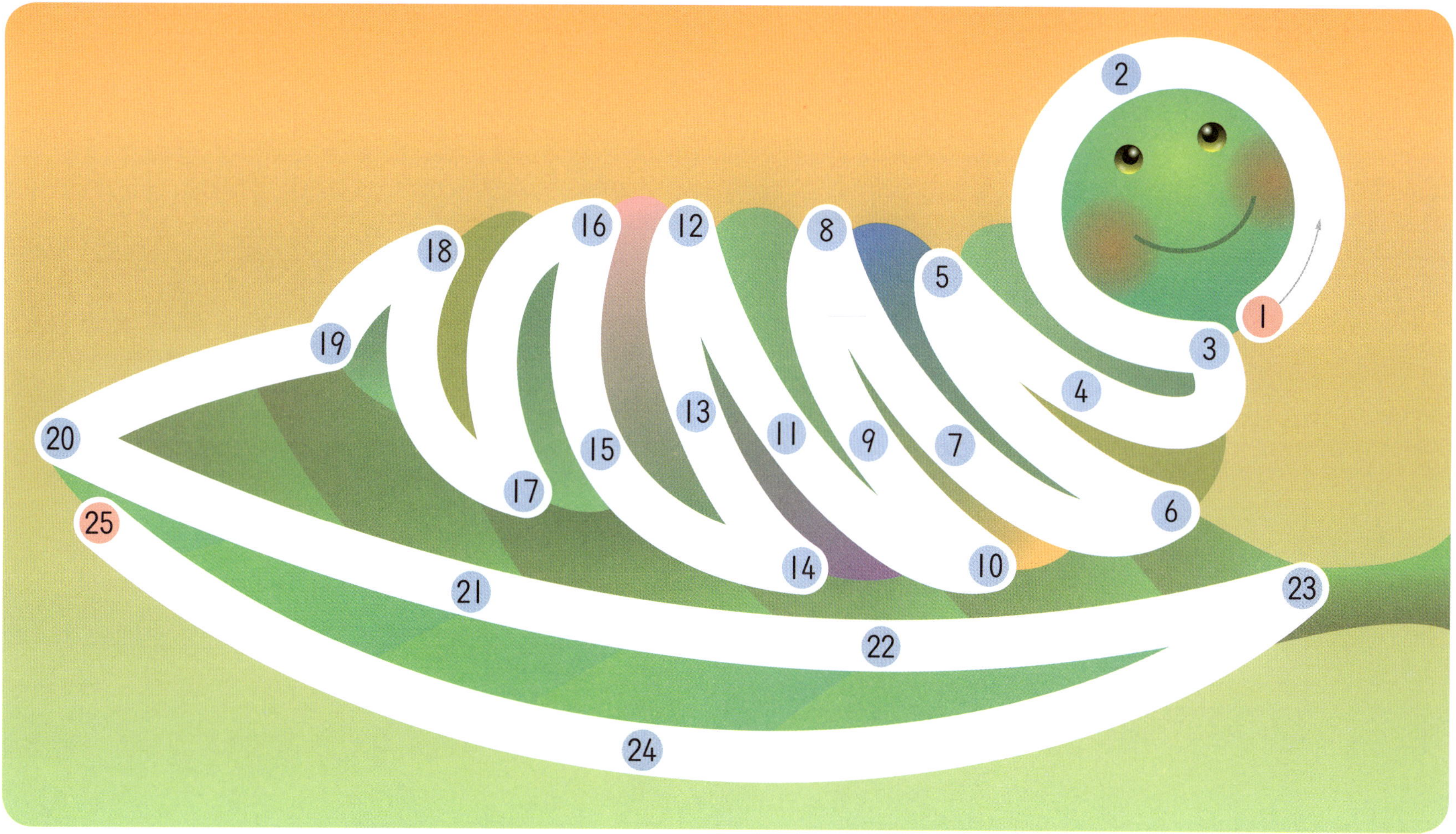

■ Say each number aloud as you trace it.

1	2	3	4	5	6	7	8	9	10
11	12	13	14	15	16	17	18	19	20
21	22	23	24	25	26	27	28	29	30

■ Fill in the missing numbers. Say each number aloud.

1									
				25	26	27	28	29	30

Practicing Numbers
1 – 30

■ Draw a line from 1 to 30 in order while saying each number aloud.

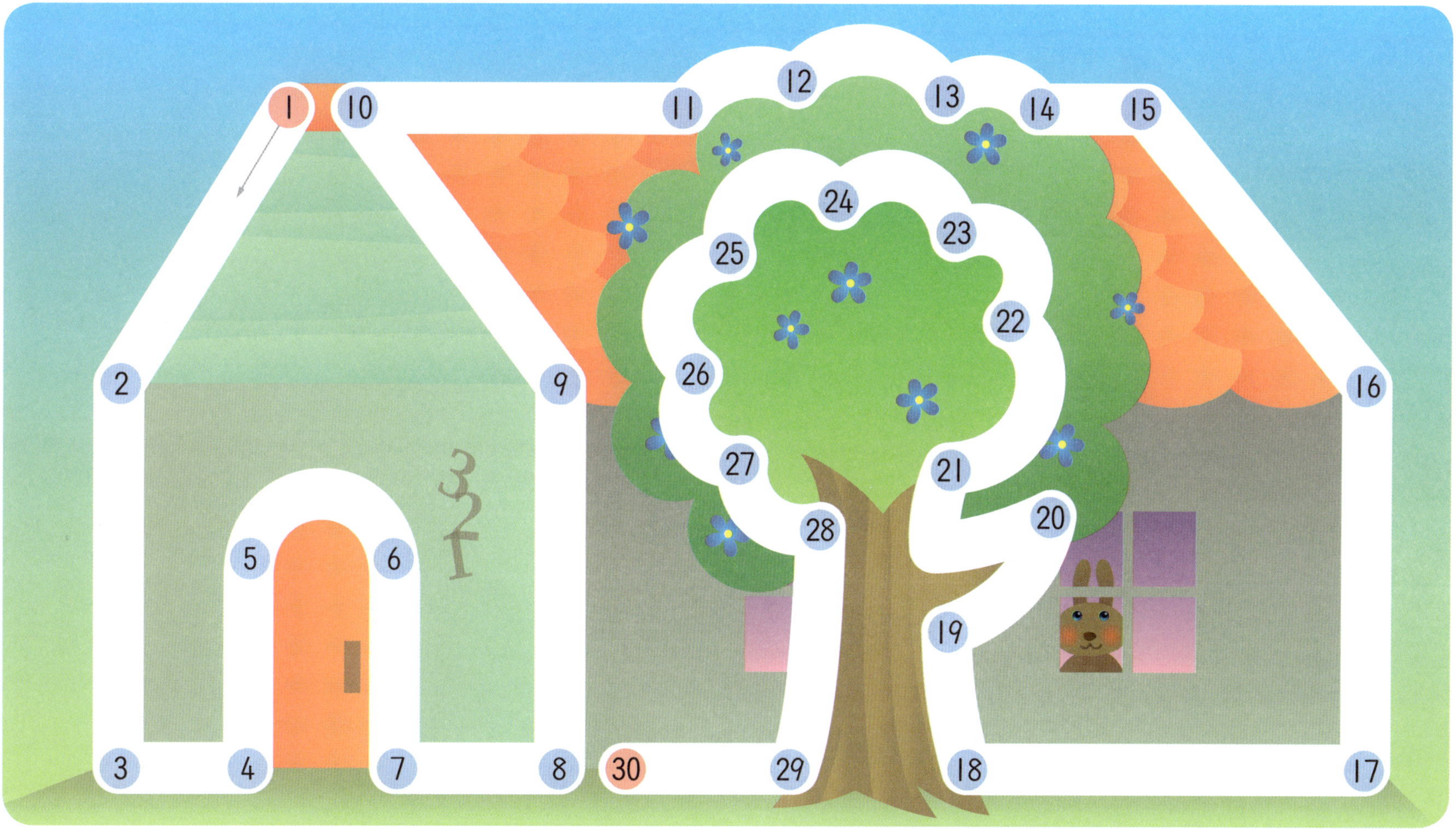

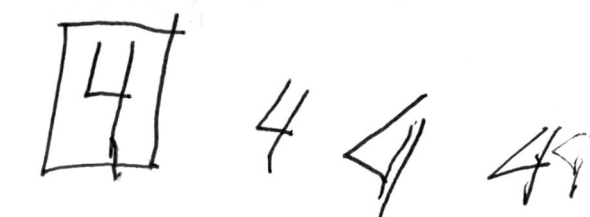

■ Say each number aloud as you trace it.

1	2	3	4	5	6	7	8	9	10
11	12	13	14	15	16	17	18	19	20
21	22	23	24	25	26	27	28	29	30

■ Fill in the missing numbers. Say each number aloud.

1	2	3	4	5	6	7		9	
									30

Adding 1

1 + 1 to 9 + 1

To parents
Understanding the concept of adding 1 is a basic step in learning addition. Some pages contain a number chart to give children a hint that the answers are included in the chart.

Name	
Date	

■ **Add the numbers below.**

(1) 1 + 1 = 2

(2) 2 + 1 = 3

(3) 3 + 1 = 4

(4) 4 + 1 = 5

(5) 5 + 1 = 6

(6) 6 + 1 = 7

(7) 7 + 1 = 8

(8) 8 + 1 = 9

(9) 9 + 1 = 10

(10) 5 + 1 = 6

(11) 3 + 1 = 4

(12) 1 + 1 = 2

(13) 7 + 1 = 8

(14) 9 + 1 = 10

(15) 4 + 1 = 5

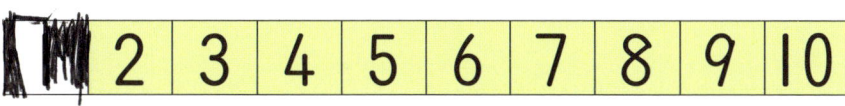

2 3 4 5 6 7 8 9 10

11

■ Add the numbers below.

(1) 10 + 1 = 11

(2) 11 + 1 = 12

(3) 12 + 1 = 13

(4) 13 + 1 = 14

(5) 14 + 1 = 15

(6) 15 + 1 = 16

(7) 16 + 1 = 17

(8) 17 + 1 = 18

(9) 18 + 1 = 19

(10) 19 + 1 = 20

(11) 13 + 1 = 14

(12) 12 + 1 = 13

(13) 16 + 1 = 17

(14) 10 + 1 = 11

(15) 14 + 1 = 15

11	12	13	14	15	16	17	18	19	20

Adding 1
20 + 1 to 29 + 1

■ Add the numbers below.

(1) 20 + 1 = 21   (6) 25 + 1 = 26   (11) 27 + 1 =

(2) 21 + 1 = 22   (7) 26 + 1 = 27   (12) 23 + 1 =

(3) 22 + 1 = 23   (8) 27 + 1 = 28   (13) 25 + 1 =

(4) 23 + 1 = 24   (9) 28 + 1 = 29   (14) 21 + 1 =

(5) 24 + 1 = 25   (10) 29 + 1 = 30   (15) 28 + 1 =

| 21 | 22 | 23 | 24 | 25 | 26 | 27 | 28 | 29 | 30 |

13

■ Add the numbers below.

(1) $1 + 1 = 2$

(2) $5 + 1 = 6$

(3) $2 + 1 = 3$

(4) $9 + 1 = 10$

(5) $7 + 1 = 8$

(6) $13 + 1 = 14$

(7) $19 + 1 = 20$

(8) $17 + 1 = 18$

(9) $11 + 1 = 12$

(10) $18 + 1 = 19$

(11) $20 + 1 = 21$

(12) $22 + 1 = 23$

(13) $26 + 1 = $

(14) $29 + 1 = $

(15) $24 + 1 = $

Adding 2

1 + 2 to 8 + 2

To parents
Starting with this page, your child will learn to add 2. If your child is having difficulty with adding 2, please encourage him or her to return to practice that includes adding 1 before proceeding.

■ Add the numbers below.

(1) 1 + 2 = 3

(2) 2 + 2 = 4

(3) 3 + 2 = 5

(4) 4 + 2 = 6

(5) 5 + 2 = 7

(6) 6 + 2 = 8

(7) 7 + 2 = 9

(8) 8 + 2 = 10

(9) 3 + 2 = 5

(10) 5 + 2 = 7

(11) 1 + 2 = 3

(12) 8 + 2 = 10

(13) 6 + 2 = 8

(14) 2 + 2 = 4

(15) 4 + 2 = 6

| 1 | 2 | 3 | 4 | 5 | 6 | 7 | 8 | 9 | 10 |

9 + 2 to 18 + 2

■ Add the numbers below.

(1) 9 + 2 =

(2) 10 + 2 =

(3) 11 + 2 =

(4) 12 + 2 =

(5) 13 + 2 =

(6) 14 + 2 =

(7) 15 + 2 =

(8) 16 + 2 =

(9) 17 + 2 =

(10) 18 + 2 =

(11) 9 + 2 =

(12) 12 + 2 =

(13) 16 + 2 =

(14) 15 + 2 =

(15) 10 + 2 =

| 11 | 12 | 13 | 14 | 15 | 16 | 17 | 18 | 19 | 20 |

Name

Date

■ Add the numbers below.

(1) 19 + 2 =

(2) 20 + 2 =

(3) 21 + 2 =

(4) 22 + 2 =

(5) 23 + 2 =

(6) 24 + 2 =

(7) 25 + 2 =

(8) 26 + 2 =

(9) 27 + 2 =

(10) 28 + 2 =

(11) 20 + 2 =

(12) 22 + 2 =

(13) 26 + 2 =

(14) 19 + 2 =

(15) 25 + 2 =

| 21 | 22 | 23 | 24 | 25 | 26 | 27 | 28 | 29 | 30 |

■ Add the numbers below.

(1) 1 + 2 =

(2) 6 + 2 =

(3) 3 + 2 =

(4) 9 + 2 =

(5) 2 + 2 =

(6) 14 + 2 =

(7) 10 + 2 =

(8) 16 + 2 =

(9) 17 + 2 =

(10) 18 + 2 =

(11) 22 + 2 =

(12) 28 + 2 =

(13) 26 + 2 =

(14) 25 + 2 =

(15) 21 + 2 =

Review
Adding 1 and 2

Name

Date

To parents
Starting with this page, your child will review addition that includes the numbers 1 and 2. If he or she is having difficulty with adding 2, please encourage him or her to practice adding 1 again.

■ Add the numbers below.

(1) 19 + 1 =

(2) 6 + 1 =

(3) 21 + 1 =

(4) 12 + 1 =

(5) 23 + 1 =

(6) 4 + 1 =

(7) 25 + 1 =

(8) 3 + 1 =

(9) 27 + 2 =

(10) 8 + 2 =

(11) 20 + 2 =

(12) 12 + 2 =

(13) 15 + 2 =

(14) 5 + 2 =

(15) 23 + 2 =

■ Add the numbers below.

(1) 10 + 1 =

(2) 28 + 1 =

(3) 24 + 2 =

(4) 11 + 2 =

(5) 13 + 2 =

(6) 14 + 1 =

(7) 19 + 2 =

(8) 7 + 2 =

(9) 27 + 1 =

(10) 8 + 1 =

(11) 4 + 2 =

(12) 16 + 1 =

(13) 9 + 2 =

(14) 5 + 1 =

(15) 28 + 2 =

Adding 3

1 + 3 to 7 + 3

Name: hey 20/6

Date: En.

To parents
Starting with this page, your child will learn to add 3. If your child is having difficulty with adding 3, please encourage him or her to return to practice that includes adding 2 before proceeding.

■ Add the numbers below.

(1) 1 + 3 = 4

(2) 2 + 3 = 5

(3) 3 + 3 = 6

(4) 4 + 3 = 7

(5) 5 + 3 = 8

(6) 6 + 3 = 9

(7) 7 + 3 = 10

(8) 1 + 3 = 4

(9) 6 + 3 = 9

(10) 5 + 3 = 8

(11) 3 + 3 = 6

(12) 7 + 3 = 10

(13) 1 + 3 = 4

(14) 4 + 3 = 7

(15) 2 + 3 = 5

| 1 | 2 | 3 | 4 | 5 | 6 | 7 | 8 | 9 | 10 |

■ Add the numbers below.

(1) $8 + 3 =$

(2) $9 + 3 =$

(3) $10 + 3 =$

(4) $11 + 3 =$

(5) $12 + 3 =$

(6) $13 + 3 =$

(7) $14 + 3 =$

(8) $15 + 3 =$

(9) $16 + 3 =$

(10) $17 + 3 =$

(11) $10 + 3 =$

(12) $16 + 3 =$

(13) $11 + 3 =$

(14) $14 + 3 =$

(15) $8 + 3 =$

| 11 | 12 | 13 | 14 | 15 | 16 | 17 | 18 | 19 | 20 |

12 Adding 3

1 + 3 to 17 + 3

Name

Date

■ Add the numbers below.

(1) 6 + 3 =

(2) 2 + 3 =

(3) 9 + 3 =

(4) 4 + 3 =

(5) 7 + 3 =

(6) 1 + 3 =

(7) 3 + 3 =

(8) 5 + 3 =

(9) 13 + 3 =

(10) 17 + 3 =

(11) 11 + 3 =

(12) 15 + 3 =

(13) 12 + 3 =

(14) 16 + 3 =

(15) 14 + 3 =

| 1 | 2 | 3 | 4 | 5 | 6 | 7 | 8 | 9 | 10 | 11 | 12 | 13 | 14 | 15 | 16 | 17 | 18 | 19 | 20 |

■ Add the numbers below.

(1) $8 + 3 =$

(2) $10 + 3 =$

(3) $12 + 3 =$

(4) $14 + 3 =$

(5) $9 + 3 =$

(6) $13 + 3 =$

(7) $4 + 3 =$

(8) $16 + 3 =$

(9) $11 + 3 =$

(10) $6 + 3 =$

(11) $17 + 3 =$

(12) $7 + 3 =$

(13) $3 + 3 =$

(14) $15 + 3 =$

(15) $2 + 3 =$

| 1 | 2 | 3 | 4 | 5 | 6 | 7 | 8 | 9 | 10 | 11 | 12 | 13 | 14 | 15 | 16 | 17 | 18 | 19 | 20 |

Adding 4

1 + 4 to 6 + 4

Name

Date

To parents
Starting with this page, your child will learn to add 4. If your child is having difficulty with adding 4, please encourage him or her to return to practice that includes adding 3 before proceeding.

■ Add the numbers below.

(1) 1 + 4 =

(2) 2 + 4 =

(3) 3 + 4 =

(4) 4 + 4 =

(5) 5 + 4 =

(6) 6 + 4 =

(7) 1 + 4 =

(8) 6 + 4 =

(9) 2 + 4 =

(10) 3 + 4 =

(11) 5 + 4 =

(12) 1 + 4 =

(13) 4 + 4 =

(14) 6 + 4 =

(15) 2 + 4 =

| 1 | 2 | 3 | 4 | 5 | 6 | 7 | 8 | 9 | 10 |

■ Add the numbers below.

(1) 7 + 4 =

(2) 8 + 4 =

(3) 9 + 4 =

(4) 10 + 4 =

(5) 11 + 4 =

(6) 12 + 4 =

(7) 13 + 4 =

(8) 14 + 4 =

(9) 15 + 4 =

(10) 16 + 4 =

(11) 8 + 4 =

(12) 12 + 4 =

(13) 9 + 4 =

(14) 15 + 4 =

(15) 7 + 4 =

| 11 | 12 | 13 | 14 | 15 | 16 | 17 | 18 | 19 | 20 |

Adding 4

1 + 4 to 16 + 4

Name

Date

■ Add the numbers below.

(1) 1 + 4 =

(6) 6 + 4 =

(11) 13 + 4 =

(2) 9 + 4 =

(7) 5 + 4 =

(12) 12 + 4 =

(3) 3 + 4 =

(8) 8 + 4 =

(13) 15 + 4 =

(4) 7 + 4 =

(9) 10 + 4 =

(14) 14 + 4 =

(5) 4 + 4 =

(10) 16 + 4 =

(15) 11 + 4 =

| 1 | 2 | 3 | 4 | 5 | 6 | 7 | 8 | 9 | 10 | 11 | 12 | 13 | 14 | 15 | 16 | 17 | 18 | 19 | 20 |

■ Add the numbers below.

(1) 5 + 4 =

(2) 10 + 4 =

(3) 3 + 4 =

(4) 9 + 4 =

(5) 6 + 4 =

(6) 12 + 4 =

(7) 4 + 4 =

(8) 11 + 4 =

(9) 2 + 4 =

(10) 16 + 4 =

(11) 14 + 4 =

(12) 8 + 4 =

(13) 7 + 4 =

(14) 15 + 4 =

(15) 13 + 4 =

| 1 | 2 | 3 | 4 | 5 | 6 | 7 | 8 | 9 | 10 | 11 | 12 | 13 | 14 | 15 | 16 | 17 | 18 | 19 | 20 |

Review

Adding 3 and 4

Name

Date

■ Add the numbers below.

To parents
Starting with this page, your child will review addition that includes the numbers 3 and 4. If he or she is having difficulty with adding 3, please encourage him or her to practice adding 2 again. Likewise, if he or she is having difficulty with adding 4, please encourage him or her to practice adding 3 again.

(1) $6 + 3 =$

(2) $11 + 3 =$

(3) $8 + 3 =$

(4) $5 + 3 =$

(5) $16 + 3 =$

(6) $12 + 3 =$

(7) $2 + 3 =$

(8) $13 + 3 =$

(9) $3 + 4 =$

(10) $8 + 4 =$

(11) $12 + 4 =$

(12) $7 + 4 =$

(13) $4 + 4 =$

(14) $15 + 4 =$

(15) $13 + 4 =$

■ Add the numbers below.

(1) $9 + 3 =$

(2) $17 + 3 =$

(3) $9 + 4 =$

(4) $3 + 3 =$

(5) $14 + 4 =$

(6) $10 + 3 =$

(7) $11 + 4 =$

(8) $14 + 3 =$

(9) $6 + 4 =$

(10) $7 + 3 =$

(11) $5 + 4 =$

(12) $15 + 3 =$

(13) $4 + 3 =$

(14) $16 + 4 =$

(15) $10 + 4 =$

Review
Adding 1 to 4

Name

Date

■ Add the numbers below.

To parents
Starting with this page, your child will review addition that includes numbers up to 4. If he or she is having difficulty, please encourage him or her to return to the previous stages.

(1) 2 + 1 =

(2) 17 + 2 =

(3) 15 + 3 =

(4) 16 + 4 =

(5) 18 + 1 =

(6) 11 + 2 =

(7) 5 + 3 =

(8) 7 + 4 =

(9) 27 + 1 =

(10) 24 + 2 =

(11) 17 + 3 =

(12) 1 + 4 =

(13) 6 + 1 =

(14) 13 + 2 =

(15) 9 + 3 =

31

■ Add the numbers below.

(1) 14 + 4 =

(2) 23 + 1 =

(3) 14 + 2 =

(4) 10 + 3 =

(5) 13 + 4 =

(6) 9 + 4 =

(7) 11 + 1 =

(8) 2 + 4 =

(9) 13 + 3 =

(10) 1 + 3 =

(11) 10 + 4 =

(12) 7 + 2 =

(13) 8 + 1 =

(14) 11 + 4 =

(15) 27 + 2 =

Adding 5

1 + 5 to 5 + 5

Name

Date

To parents
Starting with this page, your child will learn to add 5. If your child is having difficulty with adding 5, please encourage him or her to return to practice that includes adding 4 before proceeding.

■ Add the numbers below.

(1) 1 + 5 =

(2) 2 + 5 =

(3) 3 + 5 =

(4) 4 + 5 =

(5) 5 + 5 =

(6) 3 + 5 =

(7) 1 + 5 =

(8) 5 + 5 =

(9) 2 + 5 =

(10) 4 + 5 =

(11) 1 + 5 =

(12) 4 + 5 =

(13) 2 + 5 =

(14) 5 + 5 =

(15) 3 + 5 =

| 1 | 2 | 3 | 4 | 5 | 6 | 7 | 8 | 9 | 10 |

■ Add the numbers below.

(1) 6 + 5 =

(2) 7 + 5 =

(3) 8 + 5 =

(4) 9 + 5 =

(5) 10 + 5 =

(6) 9 + 5 =

(7) 10 + 5 =

(8) 8 + 5 =

(9) 6 + 5 =

(10) 7 + 5 =

(11) 8 + 5 =

(12) 6 + 5 =

(13) 10 + 5 =

(14) 7 + 5 =

(15) 9 + 5 =

| 11 | 12 | 13 | 14 | 15 |

Adding 5

11 + 5 to 15 + 5

Name

Date

■ Add the numbers below.

(1) 11 + 5 =

(2) 12 + 5 =

(3) 13 + 5 =

(4) 14 + 5 =

(5) 15 + 5 =

(6) 12 + 5 =

(7) 14 + 5 =

(8) 11 + 5 =

(9) 13 + 5 =

(10) 15 + 5 =

(11) 14 + 5 =

(12) 12 + 5 =

(13) 15 + 5 =

(14) 13 + 5 =

(15) 11 + 5 =

| 11 | 12 | 13 | 14 | 15 | 16 | 17 | 18 | 19 | 20 |

■ Add the numbers below.

(1) 3 + 5 =

(2) 9 + 5 =

(3) 12 + 5 =

(4) 5 + 5 =

(5) 13 + 5 =

(6) 1 + 5 =

(7) 8 + 5 =

(8) 11 + 5 =

(9) 6 + 5 =

(10) 15 + 5 =

(11) 2 + 5 =

(12) 10 + 5 =

(13) 14 + 5 =

(14) 4 + 5 =

(15) 7 + 5 =

| 1 | 2 | 3 | 4 | 5 | 6 | 7 | 8 | 9 | 10 | 11 | 12 | 13 | 14 | 15 | 16 | 17 | 18 | 19 | 20 |

Adding 6

1 + 6 to 9 + 6

To parents

Starting with this page, your child will learn to add 6. If your child is having difficulty with adding 6, please encourage him or her to return to practice that includes adding 5 before proceeding.

Name

Date

■ Add the numbers below.

(1) 1 + 6 =

(2) 2 + 6 =

(3) 3 + 6 =

(4) 4 + 6 =

(5) 5 + 6 =

(6) 6 + 6 =

(7) 7 + 6 =

(8) 8 + 6 =

(9) 9 + 6 =

(10) 3 + 6 =

(11) 4 + 6 =

(12) 6 + 6 =

(13) 2 + 6 =

(14) 8 + 6 =

(15) 1 + 6 =

| 1 | 2 | 3 | 4 | 5 | 6 | 7 | 8 | 9 | 10 | 11 | 12 | 13 | 14 | 15 |

■ Add the numbers below.

(1) 5 + 6 =

(2) 6 + 6 =

(3) 7 + 6 =

(4) 8 + 6 =

(5) 9 + 6 =

(6) 10 + 6 =

(7) 11 + 6 =

(8) 12 + 6 =

(9) 13 + 6 =

(10) 14 + 6 =

(11) 13 + 6 =

(12) 12 + 6 =

(13) 14 + 6 =

(14) 10 + 6 =

(15) 11 + 6 =

| 11 | 12 | 13 | 14 | 15 | 16 | 17 | 18 | 19 | 20 |

Adding 6

20 1 + 6 to 14 + 6

Name

Date

■ Add the numbers below.

(1) 5 + 6 =

(2) 8 + 6 =

(3) 2 + 6 =

(4) 4 + 6 =

(5) 6 + 6 =

(6) 1 + 6 =

(7) 9 + 6 =

(8) 7 + 6 =

(9) 3 + 6 =

(10) 5 + 6 =

(11) 14 + 6 =

(12) 13 + 6 =

(13) 11 + 6 =

(14) 12 + 6 =

(15) 10 + 6 =

| 1 | 2 | 3 | 4 | 5 | 6 | 7 | 8 | 9 | 10 | 11 | 12 | 13 | 14 | 15 | 16 | 17 | 18 | 19 | 20 |

■ Add the numbers below.

(1) 10 + 6 =

(2) 6 + 6 =

(3) 12 + 6 =

(4) 7 + 6 =

(5) 9 + 6 =

(6) 2 + 6 =

(7) 14 + 6 =

(8) 4 + 6 =

(9) 13 + 6 =

(10) 7 + 6 =

(11) 1 + 6 =

(12) 11 + 6 =

(13) 5 + 6 =

(14) 3 + 6 =

(15) 8 + 6 =

| 1 | 2 | 3 | 4 | 5 | 6 | 7 | 8 | 9 | 10 | 11 | 12 | 13 | 14 | 15 | 16 | 17 | 18 | 19 | 20 |

Review
Adding 5 and 6

Name

Date

■ Add the numbers below.

To parents
Starting with this page, your child will review addition that includes the numbers 5 and 6. If he or she is having difficulty with adding 5, please encourage him or her to practice adding 4 again. Likewise, if he or she is having difficulty with adding 6, please encourage him or her to practice adding 5 again.

(1) 12 + 5 =

(2) 9 + 5 =

(3) 4 + 5 =

(4) 13 + 5 =

(5) 1 + 5 =

(6) 5 + 5 =

(7) 10 + 5 =

(8) 8 + 5 =

(9) 6 + 6 =

(10) 2 + 6 =

(11) 11 + 6 =

(12) 4 + 6 =

(13) 3 + 6 =

(14) 14 + 6 =

(15) 7 + 6 =

■ Add the numbers below.

(1) $15 + 5 =$

(2) $5 + 6 =$

(3) $13 + 6 =$

(4) $6 + 5 =$

(5) $11 + 5 =$

(6) $4 + 6 =$

(7) $1 + 6 =$

(8) $14 + 5 =$

(9) $2 + 5 =$

(10) $9 + 6 =$

(11) $7 + 5 =$

(12) $12 + 6 =$

(13) $3 + 5 =$

(14) $10 + 6 =$

(15) $8 + 6 =$

Adding 7

22 1 + 7 to 8 + 7

Name

Date

To parents
Starting with this page, your child will learn to add 7. If your child is having difficulty with adding 7, please encourage him or her to return to practice that includes adding 6 before proceeding.

■ Add the numbers below.

(1) 1 + 7 =

(2) 2 + 7 =

(3) 3 + 7 =

(4) 4 + 7 =

(5) 5 + 7 =

(6) 6 + 7 =

(7) 7 + 7 =

(8) 8 + 7 =

(9) 6 + 7 =

(10) 1 + 7 =

(11) 4 + 7 =

(12) 5 + 7 =

(13) 3 + 7 =

(14) 2 + 7 =

(15) 7 + 7 =

| 1 | 2 | 3 | 4 | 5 | 6 | 7 | 8 | 9 | 10 | 11 | 12 | 13 | 14 | 15 |

■ Add the numbers below.

(1) 4 + 7 =

(2) 5 + 7 =

(3) 6 + 7 =

(4) 7 + 7 =

(5) 8 + 7 =

(6) 9 + 7 =

(7) 10 + 7 =

(8) 11 + 7 =

(9) 12 + 7 =

(10) 13 + 7 =

(11) 12 + 7 =

(12) 10 + 7 =

(13) 9 + 7 =

(14) 13 + 7 =

(15) 11 + 7 =

| 11 | 12 | 13 | 14 | 15 | 16 | 17 | 18 | 19 | 20 |

Adding 7

23 1 + 7 to 13 + 7

Name

Date

■ Add the numbers below.

(1) 6 + 7 =

(2) 4 + 7 =

(3) 3 + 7 =

(4) 7 + 7 =

(5) 2 + 7 =

(6) 8 + 7 =

(7) 5 + 7 =

(8) 1 + 7 =

(9) 4 + 7 =

(10) 8 + 7 =

(11) 9 + 7 =

(12) 12 + 7 =

(13) 10 + 7 =

(14) 11 + 7 =

(15) 13 + 7 =

| 1 | 2 | 3 | 4 | 5 | 6 | 7 | 8 | 9 | 10 | 11 | 12 | 13 | 14 | 15 | 16 | 17 | 18 | 19 | 20 |

■ Add the numbers below.

(1) 1 + 7 =

(2) 11 + 7 =

(3) 10 + 7 =

(4) 12 + 7 =

(5) 4 + 7 =

(6) 3 + 7 =

(7) 8 + 7 =

(8) 6 + 7 =

(9) 13 + 7 =

(10) 12 + 7 =

(11) 5 + 7 =

(12) 7 + 7 =

(13) 2 + 7 =

(14) 9 + 7 =

(15) 10 + 7 =

| 1 | 2 | 3 | 4 | 5 | 6 | 7 | 8 | 9 | 10 | 11 | 12 | 13 | 14 | 15 | 16 | 17 | 18 | 19 | 20 |

Adding 8

1 + 8 to 7 + 8

Name

Date

To parents
Starting with this page, your child will learn to add 8. If your child is having difficulty with adding 8, please encourage him or her to return to practice that includes adding 7 before proceeding.

■ Add the numbers below.

(1) 1 + 8 =

(2) 2 + 8 =

(3) 3 + 8 =

(4) 4 + 8 =

(5) 5 + 8 =

(6) 6 + 8 =

(7) 7 + 8 =

(8) 3 + 8 =

(9) 7 + 8 =

(10) 2 + 8 =

(11) 5 + 8 =

(12) 2 + 8 =

(13) 4 + 8 =

(14) 1 + 8 =

(15) 6 + 8 =

| 1 | 2 | 3 | 4 | 5 | 6 | 7 | 8 | 9 | 10 | 11 | 12 | 13 | 14 | 15 |

■ Add the numbers below.

(1)　3 + 8 =

(2)　4 + 8 =

(3)　5 + 8 =

(4)　6 + 8 =

(5)　7 + 8 =

(6)　8 + 8 =

(7)　9 + 8 =

(8)　10 + 8 =

(9)　11 + 8 =

(10)　12 + 8 =

(11)　9 + 8 =

(12)　12 + 8 =

(13)　10 + 8 =

(14)　8 + 8 =

(15)　11 + 8 =

| 11 | 12 | 13 | 14 | 15 | 16 | 17 | 18 | 19 | 20 |

Adding 8

1 + 8 to 12 + 8

Name

Date

■ Add the numbers below.

(1) 5 + 8 =

(2) 1 + 8 =

(3) 9 + 8 =

(4) 3 + 8 =

(5) 8 + 8 =

(6) 4 + 8 =

(7) 7 + 8 =

(8) 2 + 8 =

(9) 6 + 8 =

(10) 4 + 8 =

(11) 5 + 8 =

(12) 8 + 8 =

(13) 11 + 8 =

(14) 10 + 8 =

(15) 12 + 8 =

| 1 | 2 | 3 | 4 | 5 | 6 | 7 | 8 | 9 | 10 | 11 | 12 | 13 | 14 | 15 | 16 | 17 | 18 | 19 | 20 |

■ Add the numbers below.

(1) 8 + 8 =

(2) 7 + 8 =

(3) 12 + 8 =

(4) 2 + 8 =

(5) 5 + 8 =

(6) 10 + 8 =

(7) 9 + 8 =

(8) 4 + 8 =

(9) 12 + 8 =

(10) 1 + 8 =

(11) 11 + 8 =

(12) 9 + 8 =

(13) 7 + 8 =

(14) 6 + 8 =

(15) 3 + 8 =

| 1 | 2 | 3 | 4 | 5 | 6 | 7 | 8 | 9 | 10 | 11 | 12 | 13 | 14 | 15 | 16 | 17 | 18 | 19 | 20 |

Adding 9

1 + 9 to 6 + 9

Name

Date

To parents

Starting with this page, your child will learn to add 9. If your child is having difficulty with adding 9, please encourage him or her to return to practice that includes adding 8 before proceeding.

■ Add the numbers below.

(1)   1 + 9 =

(2)   2 + 9 =

(3)   3 + 9 =

(4)   4 + 9 =

(5)   5 + 9 =

(6)   6 + 9 =

(7)   2 + 9 =

(8)   1 + 9 =

(9)   4 + 9 =

(10)   6 + 9 =

(11)   5 + 9 =

(12)   3 + 9 =

(13)   4 + 9 =

(14)   1 + 9 =

(15)   5 + 9 =

| 1 | 2 | 3 | 4 | 5 | 6 | 7 | 8 | 9 | 10 | 11 | 12 | 13 | 14 | 15 |

■ Add the numbers below.

(1) 2 + 9 =

(2) 3 + 9 =

(3) 4 + 9 =

(4) 5 + 9 =

(5) 6 + 9 =

(6) 7 + 9 =

(7) 8 + 9 =

(8) 9 + 9 =

(9) 10 + 9 =

(10) 11 + 9 =

(11) 9 + 9 =

(12) 7 + 9 =

(13) 11 + 9 =

(14) 8 + 9 =

(15) 10 + 9 =

| 11 | 12 | 13 | 14 | 15 | 16 | 17 | 18 | 19 | 20 |

27 Adding 9
1 + 9 to 11 + 9

Name

Date

■ Add the numbers below.

(1) 1 + 9 =

(2) 6 + 9 =

(3) 8 + 9 =

(4) 2 + 9 =

(5) 9 + 9 =

(6) 7 + 9 =

(7) 4 + 9 =

(8) 6 + 9 =

(9) 2 + 9 =

(10) 5 + 9 =

(11) 3 + 9 =

(12) 8 + 9 =

(13) 9 + 9 =

(14) 11 + 9 =

(15) 10 + 9 =

| 1 | 2 | 3 | 4 | 5 | 6 | 7 | 8 | 9 | 10 | 11 | 12 | 13 | 14 | 15 | 16 | 17 | 18 | 19 | 20 |

■ Add the numbers below.

(1) 6 + 9 =

(2) 10 + 9 =

(3) 3 + 9 =

(4) 8 + 9 =

(5) 5 + 9 =

(6) 7 + 9 =

(7) 4 + 9 =

(8) 11 + 9 =

(9) 3 + 9 =

(10) 1 + 9 =

(11) 9 + 9 =

(12) 7 + 9 =

(13) 10 + 9 =

(14) 4 + 9 =

(15) 2 + 9 =

| 1 | 2 | 3 | 4 | 5 | 6 | 7 | 8 | 9 | 10 | 11 | 12 | 13 | 14 | 15 | 16 | 17 | 18 | 19 | 20 |

28 Review
Adding 7, 8, and 9

Name

Date

■ Add the numbers below.

To parents
Starting with this page, your child will review addition that includes the numbers 7, 8, and 9.
If he or she is having difficulty, please encourage him or her to return to the previous stages.

(1) 7 + 7 =

(2) 5 + 7 =

(3) 4 + 7 =

(4) 2 + 7 =

(5) 9 + 7 =

(6) 11 + 8 =

(7) 8 + 8 =

(8) 3 + 8 =

(9) 6 + 8 =

(10) 1 + 8 =

(11) 5 + 9 =

(12) 11 + 9 =

(13) 8 + 9 =

(14) 2 + 9 =

(15) 6 + 9 =

■ Add the numbers below.

(1) $9 + 9 =$

(2) $8 + 7 =$

(3) $12 + 8 =$

(4) $11 + 7 =$

(5) $1 + 9 =$

(6) $7 + 8 =$

(7) $10 + 8 =$

(8) $3 + 7 =$

(9) $10 + 9 =$

(10) $2 + 8 =$

(11) $7 + 9 =$

(12) $6 + 7 =$

(13) $3 + 9 =$

(14) $9 + 8 =$

(15) $13 + 7 =$

Review
29 Adding 5 to 9

To parents
Starting with this page, your child will review addition that includes the numbers from 5 through 9. If he or she is having difficulty, please encourage him or her to return to the previous stages.

Name

Date

■ Add the numbers below.

(1) $15 + 5 =$

(2) $4 + 6 =$

(3) $10 + 7 =$

(4) $3 + 8 =$

(5) $9 + 9 =$

(6) $3 + 5 =$

(7) $12 + 6 =$

(8) $2 + 7 =$

(9) $7 + 8 =$

(10) $8 + 9 =$

(11) $9 + 5 =$

(12) $7 + 6 =$

(13) $4 + 7 =$

(14) $12 + 8 =$

(15) $1 + 9 =$

■ Add the numbers below.

(1) 6 + 7 =

(2) 6 + 5 =

(3) 4 + 9 =

(4) 14 + 6 =

(5) 1 + 8 =

(6) 5 + 6 =

(7) 10 + 9 =

(8) 11 + 5 =

(9) 9 + 7 =

(10) 6 + 9 =

(11) 5 + 8 =

(12) 3 + 7 =

(13) 8 + 5 =

(14) 11 + 8 =

(15) 13 + 6 =

Review
Adding 1 to 9

Name

Date

■ Add the numbers below.

To parents

Starting with this page, your child will review addition that includes the numbers from 1 through 9. If he or she is having difficulty, please encourage him or her to return to the previous stages. If your child can solve these problems easily, it means he or she has mastered how to add a single-digit number to a whole number. Please offer lots of praise.

(1) $22 + 1 =$

(2) $9 + 7 =$

(3) $4 + 9 =$

(4) $1 + 8 =$

(5) $19 + 2 =$

(6) $7 + 6 =$

(7) $11 + 5 =$

(8) $12 + 7 =$

(9) $25 + 1 =$

(10) $9 + 8 =$

(11) $8 + 4 =$

(12) $10 + 2 =$

(13) $11 + 9 =$

(14) $6 + 3 =$

(15) $5 + 6 =$

■ Add the numbers below.

(1) 6 + 5 =

(2) 12 + 4 =

(3) 19 + 1 =

(4) 5 + 7 =

(5) 15 + 3 =

(6) 2 + 2 =

(7) 7 + 9 =

(8) 1 + 6 =

(9) 11 + 1 =

(10) 17 + 3 =

(11) 9 + 5 =

(12) 4 + 8 =

(13) 21 + 2 =

(14) 10 + 7 =

(15) 3 + 4 =

Review

Adding 1 to 9

Name

Date

■ Add the numbers below.

(1) $12 + 6 =$

(2) $14 + 3 =$

(3) $7 + 5 =$

(4) $23 + 1 =$

(5) $6 + 6 =$

(6) $11 + 4 =$

(7) $1 + 9 =$

(8) $5 + 2 =$

(9) $2 + 7 =$

(10) $9 + 4 =$

(11) $8 + 8 =$

(12) $28 + 1 =$

(13) $15 + 5 =$

(14) $4 + 7 =$

(15) $2 + 3 =$

■ Add the numbers below.

(1) 6 + 7 =

(2) 7 + 4 =

(3) 18 + 2 =

(4) 4 + 6 =

(5) 9 + 9 =

(6) 7 + 7 =

(7) 9 + 3 =

(8) 12 + 8 =

(9) 2 + 5 =

(10) 5 + 9 =

(11) 15 + 1 =

(12) 13 + 3 =

(13) 14 + 6 =

(14) 3 + 8 =

(15) 8 + 5 =

Review
Adding 1 to 9

32

Name

Date

■ Add the numbers below.

(1) 6 + 8 =

(2) 4 + 2 =

(3) 8 + 7 =

(4) 17 + 1 =

(5) 2 + 9 =

(6) 13 + 5 =

(7) 4 + 4 =

(8) 16 + 4 =

(9) 3 + 6 =

(10) 23 + 2 =

(11) 7 + 8 =

(12) 5 + 5 =

(13) 8 + 3 =

(14) 9 + 6 =

(15) 10 + 9 =

■ Add the numbers below.

(1) $7 + 2 =$

(2) $3 + 9 =$

(3) $15 + 4 =$

(4) $9 + 1 =$

(5) $8 + 6 =$

(6) $16 + 2 =$

(7) $6 + 4 =$

(8) $5 + 8 =$

(9) $1 + 3 =$

(10) $6 + 9 =$

(11) $4 + 5 =$

(12) $14 + 1 =$

(13) $11 + 8 =$

(14) $10 + 3 =$

(15) $13 + 7 =$